T0161545

RÈGLES
ET
RECOMMANDATIONS
POUR
LES ÉDITIONS CRITIQUES

COLLECTION DES UNIVERSITÉS DE FRANCE

publiée sous le patronage de l'ASSOCIATION GUILLAUME BUDÉ

RÈGLES

ET

RECOMMANDATIONS

POUR

LES ÉDITIONS CRITIQUES

Série latine

PARIS

LES BELLES LETTRES

2003

© 2003. Société d'édition Les Belles Lettres
95 boulevard Raspail, 75006 Paris
www.lesbelleslettres.com

Première édition 1972

ISBN : 2-251-01000-9
ISSN : 0184-7155

AVANT-PROPOS

Depuis que Louis Havet, en 1924, a publié ses Règles
et recommandations *aujourd'hui épuisées, certains des
sages principes qu'il avait établis sont tombés dans
l'oubli par la faute des éditeurs, d'autres se sont révélés
peu commodes à observer, et les changements dans les
habitudes qui accompagnent la succession des géné-
rations paraissent nécessiter de nouvelles recommandations.*

*Il est en effet indispensable, si on veut éviter l'anar-
chie, qu'une certaine uniformité — qui n'exclut pas
des adaptations de détail — règne dans les volumes de
la Collection. M. Alphonse Dain se proposait de reprendre et de rajeunir les* Règles *de L. Havet. Il avait
jeté sur le papier certaines idées et certains développe-
ments généraux suscités par une longue expérience,
dont M. J. Irigoin pour la série grecque et moi-même
avons eu la chance de prendre connaissance et qui nous
ont été précieux.*

Jacques ANDRÉ.

I. PLAN D'UNE ÉDITION

Chaque édition comprendra :

Une introduction (ou éventuellement une notice)
Une liste de sigles et d'abréviations
Le texte latin pourvu d'un apparat critique
La traduction française
Des notes et éventuellement un commentaire
Des cartes ou des figures s'il y a lieu
Un ou plusieurs index
Une table des matières

Sauf dans le cas d'un travail réalisé en équipe, où les différents livres d'un texte peuvent faire l'objet d'une répartition, l'auteur s'engage à donner à la Société Les Belles Lettres une édition complète de l'ensemble de l'œuvre et à persévérer jusqu'à son achèvement.

L'auteur s'engage aussi à soumettre son travail, avant l'impression, à un réviseur qui sera désigné par la commission technique.

II. L'INTRODUCTION

L'introduction doit conduire à la lecture du texte. Trop d'éditeurs ont tendance à la considérer comme un essai sur l'auteur et sur l'œuvre, et à y voir l'essentiel de l'édition. Quel que soit son intérêt, il ne faut pas oublier que c'est, dans une édition, la partie qui a des chances de vieillir le plus vite.

La longueur de l'introduction doit répondre à l'importance et à la longueur de l'œuvre. Un texte en plusieurs volumes peut avoir une introduction plus longue que celle qui convient à un volume isolé.

Dans le cas d'une édition d'une œuvre en livres séparés, on peut concevoir, par exemple pour des auteurs techniques (Columelle, Pline, Vitruve, etc.), une introduction générale, et des notices particulières à chaque livre, quand le sujet, les sources, la tradition manuscrite diffèrent.

Dans un volume constitué d'œuvres diverses d'un même auteur, on peut concevoir que chaque œuvre ou chaque groupe d'œuvres soit précédé d'une notice. Ainsi a-t-il été fait pour les œuvres poétiques de Cicéron et pour Florus, t. II.

La première partie de l'introduction sera relative à l'auteur et à l'œuvre. Si l'œuvre comporte des titres variés, sa vie et l'aperçu sur l'ensemble de sa production seront présentés dans le premier volume prévu dans le plan de l'édition (les *Bucoliques* pour Virgile, les *Silves* pour Stace, etc.).

Les recommandations suivantes valent aussi bien pour l'introduction que pour les notices :

1) Toute considération étrangère à l'interprétation du texte est à proscrire. On exclura ainsi les remarques

systématiques sur la grammaire, le style, la métrique, les clausules. Une liste exhaustive des clausules dans un traité de Cicéron est inutile à l'interprétation.

2) Tout ce qui réclame une démonstration sera traité dans un article de revue auquel il sera fait référence et dont seules les conclusions seront reproduites. Quand l'argumentation est ancienne, il suffit de renvoyer aux travaux antérieurs.

3) Les bibliographies proprement dites — surtout de caractère général — ne sont pas de mise dans nos éditions, qui n'ont pas à satisfaire aux exigences des thèses universitaires. De plus, elles seraient vite périmées.

La deuxième partie de l'introduction sera consacrée aux problèmes posés par l'établissement du texte : histoire, conditions de sa transmission, utilisation des manuscrits. Ici encore, il conviendra davantage d'exposer les résultats acquis que d'engager une démonstration de longue haleine qui sera réservée plus utilement à une publication spécialisée.

A ce sujet, on ne saurait mieux faire que de reproduire les vœux formulés au Congrès de Nîmes de l'Association Guillaume Budé en 1932 (*Actes du Congrès*, Paris, B. L., 1932, p. 59-60) :

« 1. Que la préparation de chaque édition destinée à la collection G. Budé entraîne de la part de son auteur l'obligation de réviser soigneusement le classement des manuscrits et de constituer, à l'aide de tous les éléments utilisables, l'histoire du texte durant l'Antiquité et le Moyen Age.

« 2. Que, si le résultat de ce travail nécessite la rédaction de prolégomènes trop importants pour être insérés en tête de l'édition proprement dite, ces prolégomènes fassent la matière d'une publication distincte, mais que néanmoins l'apparat critique soit toujours constitué et disposé de telle sorte qu'on puisse y trouver le reflet des différents états successifs du texte édité. »

La désignation des manuscrits doit être complète et rigoureuse dans la partie de la notice consacrée à l'établissement du texte et dans la page de sigles qui précède l'édition proprement dite. A de rares exceptions près, la cote doit être celle qui se trouve actuellement en usage dans la bibliothèque concernée. On se gardera donc de reproduire les cotes périmées ou incomplètes données par des éditions anciennes, du type de *Matritensis 24* au lieu de *Matritensis Bibl. Nat. 4562 (olim M. 24)*.

L'établissement d'un *stemma* n'offre aucun caractère de nécessité et n'est pas un but en soi. Le stemma est une représentation schématique du classement des manuscrits et même, dans des cas favorables, de toute l'histoire de la tradition. Si le classement est sûr, si l'histoire ne présente pas de période obscure, on trouvera profit à en établir un. Si, au contraire, la contamination est fréquente ou l'histoire incertaine, on sera bien en peine d'en dresser un. Dans les cas favorables, lorsque l'éditeur aboutit à une solution qu'il considère comme certaine — qu'un stemma vienne l'illustrer ou non — il doit en tenir compte pour l'établissement du texte et s'interdire dès lors tout éclectisme ou toute fantaisie dans le choix des leçons : toute discordance entre les principes généraux exposés dans l'introduction ou la notice et l'application qui en est faite dans l'édition a pour effet de miner et de ruiner ces principes.

On pourra, pour terminer, donner une brève liste des éditions importantes. Y figureront les premières éditions dans la mesure où elles apportent le témoignage de manuscrits disparus depuis, ainsi que toutes les éditions postérieures — mais celles-là seules — qui ont fait progresser la connaissance et l'établissement du texte.

III. SIGLES ET ABRÉVIATIONS

On fera suivre l'introduction d'une liste de sigles et d'abréviations comprenant :

1) sous le titre *Sigles* ou *Sigla*, les sigles des différents manuscrits figurant dans l'apparat, avec les indications concernant leur localisation, leur cote et leur date, éventuellement leur contenu, s'ils sont incomplets ou mutilés :

V : Vaticanus latinus 1606, saec. XIII
F : Hauniensis 2014 (olim Hamburgiensis), saec. XII

2) sous le titre *Abréviations*, les éditions anciennes et modernes, ainsi que les noms (entiers ou abrégés) d'auteurs (avec leurs œuvres) mentionnés dans l'apparat, où ne peuvent être données les indications concernant leurs travaux :

Parm. = Editio Parmensis (1477)
Boenig = Ed. H. Boenig, Leipzig, Teubner, 1903
Kurfess = A. Kurfess, *Textkritisches zu Minucius Felix*, in *Wiener Studien*, 66, 1938, p. 121-124.

On exclura de la liste des sigles toutes les autres abréviations courantes usitées dans l'apparat et mentionnées ci-dessous dans la section V (Apparat critique), comme *om.*, *cett.*, *codd.*, etc.

Dans une édition en plusieurs volumes, dont seul le premier comporte introduction ou notice, la liste des sigles sera reproduite en tête de tous les autres volumes. On fera de même lorsque la tradition reste uniforme pour des œuvres de contenu varié pourvues chacune d'une notice.

IV. LE TEXTE

Le texte sera établi après une étude directe de la tradition manuscrite et non sur la base d'une édition antérieure qu'on se contenterait d'améliorer en adoptant d'autres leçons ou en proposant des conjectures personnelles. En dehors des cas où la tradition remonte à un manuscrit unique qui nous est parvenu, le texte sera fondé sur l'ensemble des témoins qui constituent le type de chacune des branches de la tradition. On se gardera aussi bien d'isoler arbitrairement un manuscrit qualifié de manuscrit de base que de donner systématiquement les leçons de manuscrits copiés sur des témoins conservés.

1. SIGNES CRITIQUES

Les mots ajoutés (mais jamais des lettres isolées ni même des syllabes entières) seront placés entre crochets obliques :

> eadem ⟨ad⟩ omnia efficacius
> alio ⟨atque alio⟩ loco

Les mots ou passages considérés comme interpolés, bien qu'attestés par l'ensemble de la tradition (gloses insérées, additions volontaires), seront maintenus dans le texte et placés entre crochets droits :

> cum praesidio equitum atque [peditum] funditorum
> ne nosmet [in] nostra etiam uitia eloquamur

On fera de même pour les vers interpolés :

> [Neque quicquam cum ea fecit etiamnum stupri,
> Neque duxit unquam, neque ille uoluit mittere]

Les lettres ajoutées seront en italique :

manuscrits	texte adopté
mirum	mi*s*erum
isque	*l*isque
amat	amat*ur*
pheton	ph*ae*t*h*on

Les lettres substituées seront en italique :

manuscrits	texte adopté
colore	*c*alore
marinum	marin*as*
habet	habe*s*
praeuenit	*p*eruenit

Les lettres retranchées ne seront pas indiquées dans le texte, et l'apparat seul en fera foi :

manuscrits	texte adopté
uicesimum	uice*n*um
proprius	propius
uenerint	uenerit

Les lacunes du texte, quelle que soit leur ampleur, seront indiquées par trois points de suspension sans plus :

in asperis... locis

Si la lacune n'est pas signalée comme telle (par un espace ou par tout autre moyen) dans l'ensemble ou une partie de la tradition manuscrite, mais a été supposée par un éditeur, les points de suspension seront placés entre crochets obliques :

in asperis ⟨...⟩ locis

Tout mot ou membre de phrase destiné à combler la

lacune sera placé entre crochets obliques, que l'omission soit ou non fournie par la tradition :

in asperis ⟨et apricis⟩ locis

Dans les textes poétiques, les lacunes, attestées ou supposées, seront indiquées par la suite de signes métriques correspondant à la portion de vers manquant et placés entre crochets obliques :

Iam ⟨-◡-◡⟩ unde conducam mihi?

(Plaute, *Vidul.* 48.)

S'il manque un ou plusieurs vers entiers, on se contentera d'indiquer sur une ligne particulière la mention :

deest uersus unus
ou   desunt uersus quinque
desunt uersus ca. decem

Les mots déplacés :

Si, par conjecture, on intervertit un mot ou un groupe de mots, on peut se contenter de signaler l'interversion dans l'apparat, mais on peut aussi placer un astérisque devant chacun des deux éléments intervertis :
manuscrits :

oleo et contra algores munire natura tepefacere
[corpus.
texte :

oleo * natura tepefacere corpus * et contra algores
[munire. *

Si le déplacement se fait à grande distance, il sera nécessaire de l'indiquer deux fois dans l'apparat critique.

Le déplacement de vers entiers sera signalé, dans les textes poétiques, par la numérotation des vers ; le vers (ou les vers) transposé sera affecté de son numéro tradi-

tionnel, et les deux vers entre lesquels il s'insérera seront
eux aussi numérotés :

et quasi perterget pupillas atque ita transit. 249
Propterea fit uti uideamus quam procul abit 251
res quaeque, et quanto plus aeris agitatur 250

(Lucrèce, livre 4.)

Passages inintelligibles :

Un passage considéré comme corrompu et non corrigé
est signalé entre deux croix qui délimitent exactement la
portion de texte jugée inintelligible :

Non licebat † multiciam † considerare

(Pétrone, 30, 1.)

On ne se contentera donc pas de mettre entre deux croix
un mot dont le sens est incompréhensible ou la forme
barbare, alors qu'on ne peut restituer l'ensemble du
passage :

Exi, inquam † nidore cupinam † ; quid lates ?

(Plaute, *Most.* 5.)

et non :

Exi, inquam, nidore † cupinam † ; quid lates ?

2. PONCTUATION

On veillera, d'une façon générale, à ce que la ponctuation du latin corresponde à celle du français (et inversement), en particulier pour les points, deux points
et points-virgules.

Pour les virgules, on ponctuera à la française. Cela impose, si on donne à l'impression, pour plus de commodité,
le texte imprimé d'une édition allemande, d'en corriger
le système :

a) On ne placera pas de virgule entre principale et
complétive à l'infinitif ou au subjonctif :

au lieu de

> his erat rebus effectum, ut impetum sustinere aude-
> [rent

ponctuer

> his erat rebus effectum ut impetum...

b) Pour les relatives, on suivra même en latin l'usage du français qui distingue entre :

L'homme, qui pense, est supérieur à l'animal

et

L'homme qui réfléchit est supérieur à celui qui ne réfléchit pas.

c) On placera inquit, ait entre virgules sans user de guillemets :

> « Vade, ait, o felix nati pietate. »

d) Toute incidente à l'intérieur d'une phrase sera encadrée de tirets plutôt que des signes de la parenthèse.

Citations :

Les citations poétiques dans les œuvres de prose seront mises à la ligne, sans guillemets, avec un retrait correspondant à la longueur du vers.

Si la présence d'une incise (inquit ou autre) les rattache étroitement au texte, elles seront placées à la suite, encadrées de guillemets et toujours composées dans le corps normal.

Les citations de prose seront dans tous les cas mises à la suite, entre guillemets.

La référence des citations ne sera pas introduite dans le texte. Elle sera donnée dans les notes de la traduction.

Dialogue :

Pour les textes de prose comportant un dialogue, on

adoptera une présentation (tiret ou alinéa) qui mette en valeur les changements d'interlocuteurs sans faire appel aux guillemets. Ceux-ci seront réservés de préférence au discours direct rapporté à l'intérieur d'un autre dialogue (chez Cicéron, par exemple) ou dans un récit (chez les historiens), et là encore on évitera d'en abuser.

Dans le dialogue dramatique, chaque réplique sera mise à la ligne et précédée du nom en gras de l'interlocuteur. Le nom sera donné en entier à sa première apparition et abrégé ensuite.

Des répliques contenues dans un même vers seront disposées avec un décalage qui manifeste l'unité du vers :

TH. Surge.
TR. Minime.
TH. Ne occupassis, obsecro, aram.
TR. Cur?
TH. Scies.

(Plaute, *Most.* 1097.)

3. CARACTÈRES

Les lettres j et v, qui n'existaient pas en latin, sont à proscrire formellement. On écrira partout i (iacio) et u (uiola) en minuscule, I et V en capitale. Si on donne à la composition le texte imprimé d'une édition qui distingue i/j et u/v, on ne se contentera pas de signaler au typographe qu'il devra d'une façon générale « transformer en i tous les j, en u tous les v de la copie », mais on portera chaque fois sur la copie la correction demandée.

Tout point sera suivi d'une initiale en capitale.

4. ORTHOGRAPHE

Un des problèmes les plus difficiles et les plus vains de l'édition. On n'est en effet jamais sûr de restituer convenablement l'orthographe d'un texte, d'autant que la graphie a toujours été en retard sur la prononciation et que les copistes avaient leurs habitudes. Il y a là un élément personnel d'appréciation qui varie avec l'époque de l'auteur édité.

Toutefois on s'efforcera d'uniformiser l'orthographe d'un texte, pour les préfixes de choisir, par exemple, entre impello et inpello, affero et adfero.

5. SIGNALISATION DU TEXTE

Le numérotage des vers se fera de 5 en 5. Le numérotage traditionnel sera toujours respecté, même s'il est faux en raison d'additions ou de suppressions. Les vers transposés garderont leur numéro d'origine, comme on l'a dit plus haut.

Si, au contraire, l'éditeur juge utile de réintroduire dans le texte un ou des vers jusqu'ici traditionnellement écartés comme interpolés, il usera de chiffres avec les lettres en exposant : 816, 816 a, 816 b, 817, où 816 a et 816 b désigneront les vers réintroduits :

Bene benigneque arbitror te facere. Factum
                          [edepol uolo.   816
Vin qui perductet ? Apage istum perductorem ;
                          [non placet.   816 a
Quicquid est, errabo potius quam perductet
                          [quispiam.   816 b
Viden uestibulum ante aedis hoc et ambula-
                   [crum, cuiusmodi ?   817
                            (Plaute, *Most.*)

Deux vers réunis en un seul porteront le double numéro traditionnel :

Dum tu hinc abes, negoti ? Quidnam ?
                   [aut quo die ?   1018-1019
                            (Plaute, *Most.*)

Inversement, la division d'un vers en deux sera indiquée par des chiffres avec lettres en exposant :

Illi erunt bucaedae multo potius quam ego
[sim restio. 884
  Mane tu atque adsiste ilico,   885 a
  Phanisce ; etiam respicis?   885 b
  Mihi molestus ne sies.   886 a
  Vide ut fastidit simia !   886 b
  Manesne ilico, impure parasite? 887

(Plaute, Most.)

Quant à la prose, l'usage n'étant pas dans la Collection d'indiquer les lignes de 5 en 5, le problème des subdivisions est d'une grande importance. On maintiendra les divisions en chapitres et en paragraphes. Les chapitres seront indiqués par des chiffres romains suivis d'un point, les paragraphes par des chiffres arabes en gras sans ponctuation, par exemple :

II. **6** Re frumentaria comparata...

V. L'APPARAT CRITIQUE

1. PRINCIPES GÉNÉRAUX

L'apparat critique a pour but de fournir au lecteur non pas toute l'histoire de la tradition ni celle des éditions imprimées, mais les indications nécessaires pour lui permettre d'apprécier la valeur du texte qu'il a sous les yeux et celle des variantes écartées par l'éditeur.

Les qualités exigées d'un apparat sont dans une certaine mesure contradictoires : exactitude et précision, clarté et intelligibilité, brièveté qui n'introduise ni incertitude ni équivoque. Son fonctionnement répond à une certaine logique ; il réclame uniformité et constance.

La langue de l'apparat critique est le latin ; on emploie les graphies *i* et *u* (les capitales correspondantes étant *I* et *V*) et non *j* et *v*.

Les leçons sont composées en romain et toutes les autres indications en italique.

Jamais ne sont répétés dans l'apparat les signes ⟨ ⟩ [ ] † † utilisés dans le texte.

Les leçons manuscrites données dans l'apparat ne comportent jamais de majuscule initiale. Cependant il peut être utile parfois de noter par une majuscule le sigle d'un prénom : C(aius), G(aius), d'une rubrica ou d'un début de vers quand la majuscule peut être source de faute.

L'apparat peut être précédé dans la même page, si besoin est :

a) des sigles des manuscrits utilisés en chaque endroit si les sources manuscrites varient au cours de l'ouvrage (ce qui est souvent le cas pour les correspondances) ;

b) des *testimonia* (citateurs, excerpteurs, lexicographes), c'est-à-dire de la tradition indirecte.

Toutes les fois que la tradition indirecte est riche, on aura profit à la traiter à part, ce qui allégera d'autant l'apparat d'indications secondaires encombrantes.

L'étage des *testimonia*, précédé de la mention TEST. en petites capitales, comportera, dans l'ordre, l'indication chiffrée (paragraphes, vers) des limites du passage cité, le nom de l'auteur de la citation et le titre en italique de l'œuvre où elle apparaît, suivi de la référence précise du passage.

A titre d'exemple, on écrira dans les *testimonia* :

TEST. 219-220 Non. 247, 12 ‖ 223-224 Servius, *G.* 2, 247.

2. LE CONTENU DE L'APPARAT

L'apparat est destiné à signaler :

a) Les leçons des manuscrits et, éventuellement, celles de la tradition indirecte.

b) Les conjectures adoptées (ou même parfois proposées dubitativement sans être adoptées).

c) Éventuellement les conjectures proposées par d'autres éditeurs et non reçues dans le texte.

d) A titre exceptionnel, les leçons adoptées par d'autres éditeurs.

Si la justification d'une leçon ou d'une conjecture requiert une discussion étendue, cette discussion sera rejetée en appendice ou dans les notes.

Il n'est pas nécessaire, ni même utile, que l'apparat donne les variantes de tous les manuscrits examinés en vue de l'édition. Une fois débrouillée l'histoire de la tradition, on déterminera les manuscrits fondamentaux, dits de base, représentant les différentes familles ou branches, dont on donnera les leçons intégralement (à la réserve des variantes orthographiques, comme on le dira plus loin). Il ne sera fait appel aux autres manuscrits qu'à titre d'appoint en cas de détérioration ou de mutilation des manuscrits de base ou lorsqu'ils seront seuls à donner la leçon adoptée.

On passera sous silence les variantes orthographiques quand elles sont sans utilité pour l'établissement du texte. Lorsqu'un ou plusieurs manuscrits présentent de façon constante une variante orthographique, on mentionnera le fait dans la notice lors de la description du ou des manuscrits concernés. Dans l'apparat, il suffira de le noter une fois pour toutes en le faisant suivre de la mention *ut semper, ut plerumque* selon le cas :

‖ coquunt *BV* : cocunt *R ut semper* ‖

3. LES SIGLES DES MANUSCRITS

Les manuscrits sont représentés dans l'apparat par leur sigle, en principe une lettre unique, initiale du nom (*V* = Vaticanus ; *P* = Parisinus), qui est celui d'un possesseur ou d'une bibliothèque, rarement deux (*Ox.* = Oxoniensis).

On évitera, à moins des motifs les plus graves (en principe seulement pour se garder de confusions possibles), de modifier les sigles des manuscrits consacrés par l'usage. En pareil cas, on prendra soin de signaler la correspondance avec les sigles antérieurs dans la page de sigles et même dans l'introduction.

On évitera autant que possible d'employer des sigles collectifs pour désigner une famille, une sous-famille ou un groupe quelconque de manuscrits. Cette pratique, qui peut sembler commode, conduit fatalement à la complication (par l'accroissement du nombre des sigles), à l'imprécision (on ne peut jamais garantir que *tous* les manuscrits d'une classe ont telle leçon) et, selon le mot de L. Havet, à l'insincérité.

4. LA NATURE DE L'APPARAT

Nos éditions présentent un apparat positif, c'est-à-dire

que la leçon adoptée ou lemme est reprise en tête de chaque unité critique sous la forme même où elle apparaît dans le texte, avec l'indication des témoins qui la donnent ou, si c'est une conjecture, du nom de son auteur :

Soit le texte

causa doloris abest :

l'apparat positif indique

|| doloris *GTBF* : laboris *A* ||

alors que l'apparat négatif se réduit à

|| laboris *A* ||

L'apparat négatif, beaucoup moins clair malgré les apparences, exige un double effort de recherche :

a) pour situer la variante dans le texte ; cet effort peut même être infructueux si la variante n'a aucun rapport visible avec la leçon adoptée ;

b) pour déterminer les manuscrits qui possèdent la leçon adoptée.

On pourra toutefois se dispenser de reprendre la leçon lorsqu'une variante isolée n'intéressera que l'ordre des mots :

soit le texte

domus illa regat

apparat

|| regat illa domus *D* ||

L'emploi du sigle ω dans une unité critique du type

|| doloris ω : laboris *A* ||

est à exclure, car on a affaire à un apparat négatif déguisé, dans lequel le sigle ω prend une valeur variable (= « tous les manuscrits autres que ceux qui sont cités nommément »), ce qui est contraire au principe même du sigle.

Il devient aberrant quand il est combiné avec plusieurs leçons, comme dans

‖ fecis *V* : -it ω facit *L* ‖

Toutefois, dans les cas d'omission, d'interversion, d'addition présentés par un manuscrit isolé, on pourra le plus souvent se dispenser de reprendre la leçon adoptée, à condition qu'aucune équivoque ne soit à craindre :

‖ enim *om. L* ‖
‖ *post* romae *add.* autem *B* ‖
‖ simili odore *E* ‖ (tous les autres manuscrits donnant *odore simili* adopté dans le texte).

5. LES UNITÉS CRITIQUES

L'apparat se décompose en unités critiques séparées par de doubles barres verticales ‖. La dernière unité de la page, ou éventuellement du paragraphe, est simplement suivie d'un point.

Chaque unité critique est en principe consacrée à un seul mot. On peut cependant admettre que deux leçons consécutives prennent place dans la même unité :

a) soit par nécessité, si deux ou plusieurs mots forment un tout dans les variantes :

‖ non tenuisse *MGDF* : continuisse *TB* ‖

b) soit par commodité, lorsque les leçons sont en quelque sorte liées entre elles :

‖ consistere curru *G* : conscendere currus *TFB* ‖

On se gardera toujours de faire figurer dans aucune des deux parties de l'unité critique des mots non concernés par la variante. Aussi, lorsqu'une unité critique renferme deux mots qui ne se suivent pas directement, on neutralisera les mots intermédiaires par trois points de suspension, qu'il s'agisse d'une interversion :

‖ fide... mihi *M* : mihi... fide *GTF* ‖

ou de mots syntaxiquement liés :

|| uacua... aura MG : uacuas... auras TBF ||

Dans le choix entre un lemme unique englobant plusieurs mots et plusieurs lemmes distincts, on aura toujours en vue la clarté de l'exposition.

L'unité critique comporte d'abord la référence au texte adopté, assurée par un renvoi en chiffre gras au vers et, en prose, au chapitre et au paragraphe. L'ensemble des unités critiques se rapportant à un même chapitre (ou paragraphe, selon le cas) sera disposé en un paragraphe distinct précédé de l'indication numérique :

518   ou   **VIII. 3**

La leçon adoptée dans le texte (ou lemme) sera séparée par deux points des diverses variantes. Chaque leçon ou variante sera accompagnée de l'indication de sa source : sigle du manuscrit, nom du citateur antique ou de l'auteur moderne d'une conjecture :

|| gemmam DGF : gemma M gemmas DIOMED. ||
|| bono *Merkel* : bona MFG bonis D ||

L'ordre des sigles sera toujours le même, quelle que soit la répartition des manuscrits entre les différentes leçons. Si des familles ont pu être distinguées, il conviendra de grouper les sigles qui les représentent :
soit deux familles $ABCD$ et $EFGH$, on aura

	opus ABG : onus $CDEFH$	
	uoluntas EG : uoluptas $ABCDFH$	
	fores $CDEH$: feres $ABFG$	

On pourra même séparer les sigles qui les représentent par un espace :

|| opus $AB\ G$: onus $CD\ EFH$ ||

Pour toutes les variantes qui suivent les deux points,

on usera systématiquement du mot tronqué avec trait d'union :

‖ gelidae *TD* : -dam *MG* -das *B* ‖

implique que *MG* ont gelidam et *B* gelidas ;

‖ processus *TD* : rec- *B* praec- *MG* ‖

que *B* a recessus et *MG* praecessus.

Ce système a pour effet sans doute d'économiser la place, mais surtout de dégager la partie du mot qui fait l'objet de la variante et d'attirer l'attention sur elle. La coupure est sans intérêt pour les mots très courts et on rejettera le type

‖ quam *AB* : -a *CD* ‖

Cette coupure impose des servitudes :

a) on ne tronquera pas dans la même unité un mot au début et à la fin. Des unités de ce genre (relevées dans des éditions) sont illisibles et défient tout bon sens :

‖ appeti decedi *PVA* : a- -cidi *LD* -it ec- *b* ‖
‖ nemini emancipata Non. : -nem m- *LAD* ‖

b) il faut que les variantes tronquées aient un élément commun qui permette de les reconstituer :
aussi bien

‖ glabrione *VL* : ga- *A* et g- *P* ‖

que

‖ est totum *VL* : e- itio- *AD* estimo- *H* ‖

sont de beaux exemples d'incohérence et de confusion.

On écrira donc
au lieu de

‖ pueritiam *PV* : -tam *LA* -ri iam *D* ‖

‖ pueritiam *PV* : -ritam *LA* -ri iam *D* ‖

au lieu de

‖ hospes tuus *D* : -estus *L* -pastus *AV* -essus *PH* ‖

‖ hospes tuus *D* : -pestus *L* -pastus *AV* -pessus *PH* ‖

c) les leçons seront ainsi toujours à poser par rapport au lemme :

‖ glabrione *VL* : gab- *A* et glab- *P* ‖

ou, le cas échéant, par rapport à la précédente, si celle-ci doit être intégralement citée :

‖ uultumque *GT* : -tusque *D* gemitumque *B* -tusque *F* ‖
‖ spinam *B* : -na *RE* hispinia *V* -pania *D* ‖

6. INDICATIONS CONCERNANT LES MANUSCRITS

cod. = *codex* : s'emploie en particulier pour les manuscrits disparus dont les leçons ont été transmises soit par les éditions des humanistes soit par des collations manuscrites en marge d'une de ces éditions. On le fait suivre du nom du manuscrit abrégé :
cod. Poll. = codex Monacensis Pollinganus
cod. Dal. = codex a Dalecampio adhibitus
codd. = *codices* : désigne l'ensemble des manuscrits utilisés pour l'édition.
codd. rell. ou mieux *rell.* = *codices reliqui*
codd. cett. ou mieux *cett.* = *codices ceteri*
Ces deux abréviations ne peuvent être employées que dans la seconde partie de l'unité critique, après les deux points :

‖ opus *AB* : onus *rell.* ‖

mais le plus souvent on gagnera en précision, sinon toujours en place, à écrire les sigles dans les deux parties de l'unité critique.
codd. plerique : désigne la majorité des manuscrits utilisés. Cette abréviation, qui ne fait pas gagner de place et n'améliore pas, bien au contraire, la lisibilité, est à éviter, car elle conduit en fait à un apparat négatif.
codd. omnes (*cuncti*) : désigne l'ensemble des manuscrits connus. Cette abréviation n'offre guère d'intérêt. Si le classement des manuscrits a été bien fait, elle n'apporte

rien de plus que *codd.* (= *codices*) et nul n'oserait garantir, à moins d'une collation complète de toute la tradition, l'unanimité des manuscrits.

recc. = *codices recentiores* : à n'utiliser que pour un groupe défini de manuscrits récents, dont les leçons propres présumées bonnes sont le plus souvent conjecturales.

dett. = *codices deteriores* : si un groupe de manuscrits mérite ce qualificatif, il n'y a lieu de n'en citer qu'exceptionnellement les leçons dans l'apparat.

inc. = incipit

def. = deficit (coupure importante)

des. = desinit (arrêt définitif).

On indique de la manière suivante le début et la fin d'un manuscrit dont le texte est mutilé :

‖ ab oriente *inc. V* ‖

‖ ab oriente *denuo* (*rursus*) *inc. V* ‖

‖ *post* decimam *def. V* ‖

ou

‖ *post* decimam *usque ad 8, 3 def. V* ‖

Si le début ou l'arrêt du manuscrit intervient au milieu d'un mot :

‖ *post* nomi[num *def. V* ‖

‖ *a* nomi]num *inc. V* ‖

7. INDICATIONS
CONCERNANT LES LEÇONS MANUSCRITES

1) A^1, B^1, C^1, etc. = 1re main de *A*, de *B*, de *C*, s'il y a lieu de la distinguer de mains plus récentes :

‖ cadit M^1GF^2 : cadat M^2T caudit F^1 ‖

Une correction de la 1re main sera indiquée par A^{pc} (= post correctionem), B^{pc}, etc., la leçon primitive étant notée par A^{ac} (= ante correctionem), B^{ac}, etc. :

‖ cadit $A^{ac} B$: cadat $A^{pc}D$ ‖

2) Quand l'unique leçon est illisible :

‖ *V non legitur* (*legi nequit*) ‖

Quand un grattage a effacé la leçon primitive :

‖ roma *V in ras.* ‖ (*ras. = rasura*)

Si une partie du mot a été grattée, on l'indiquera par des barres obliques :

‖ dic / / /tor *V* ‖ (pour dictator)

et, si on tient à indiquer le nombre de lettres supposées dans la lacune, on le fera par autant de points :

‖ dic..tor *V* ‖

Une lecture peu sûre sera accompagnée de *ut uid.* (= *ut uidetur*).

3) La place du mot dans la page ne sera indiquée que de façon exceptionnelle, si on la regarde comme une variante ou comme une correction. Sa mention est la plupart du temps sans intérêt et ne fait qu'alourdir et compliquer l'apparat :

‖ romam *V mg.* ‖ (*in margine*)
‖ romam *V s. l.* ‖ (*supra lineam*)

4) Lacunes :
Une lacune indiquée par toute la tradition se notera ainsi :

‖ *lacunam fere 10 litter. praebent codd.* ‖

Si elle est indiquée par un ou plusieurs manuscrits :

‖ ferre — scio *om. R in lac.* ‖

5) Omissions :
a) d'un ou de quelques mots : *om.* (= *omisit, omiserunt*). L'omission d'une leçon s'indique en fin d'unité, mais avant les conjectures non adoptées :

‖ linatur *V* : linia- *ER* limia- *T, om. P* sinatur *Havet* ‖

Au cas où un même mot figurerait deux fois ou plus dans un vers ou dans un paragraphe, on examinera si une unité critique portant sur un mot intermédiaire sépare les deux apparitions du mot.

Sinon, ou bien on fera précéder la leçon de l'indication *pr.* (= *prius*), *alt.* (= *alterum*), *tert.* (= *tertium*) :

‖ *alt.* et *om.* *A* ‖

ou bien on adjoindra à la leçon le mot précédant ou suivant (le plus court des deux) :
soit le texte

et ferre et laturum esse certe scio

l'omission du 1er *et* se marquera ainsi :

‖ et ferre *VB* : ferre *RS* ‖

celle du 2e par

‖ ferre et *VB* : ferre *RS* ‖

b) en cas d'omission d'un texte plus long (vers, membre de phrase ou phrase) :

‖ 86 *uersum om.* *V* ‖ ou ‖ 86 *om.* *B* ‖
‖ 62-68 *desunt in* *V* ‖

Le cas échéant, on indiquera les deux termes extrêmes en les séparant par un tiret long (et non par des points de suspension) :

‖ dominus — sanctam *om.* *V* ‖

Si l'omission enjambe la limite de deux paragraphes ou de deux vers, on mentionnera le numéro du second :

‖ solitudo ipsa — 12 ostendantur *om.* *V* ‖

Si la coupure a lieu au milieu d'un mot :

‖ arbitra]tur — na[turam *om.* *V* ‖

c) omission conjecturale :

‖ *post* primi *unum uerbum* (*duo uerba*) *excidisse uidetur* (*uidentur*) ‖
‖ *post* 126 *unus uersus excidisse uidetur* ‖

6) répétition de mots :
iter. = *iterauit*

‖ roma *iter. V* ‖

On peut même préciser, si besoin est :

‖ roma romam *V praua iteratione* ‖

7) Suppression de mots (raturés, barrés ou exponctués) : *del.* (= *deleuit*) :

‖ saxa *REV*[1], *del. V*[2] ‖

ou simplement

‖ saxa *del. V*[2] ‖

8) déplacement de mots :
a) si l'interversion porte sur deux mots seulement :

‖ magis sunt *VB* : sunt magis *RE* ‖

b) si elle porte sur plusieurs mots, on pourra à la rigueur, mais sans en abuser, et à condition de ne laisser aucune équivoque, recourir aux initiales suivies d'un point :

‖ ut igitur alia *V* : i. u. a. *R* a. u. i. *P* ‖

Il va de soi que ce procédé est exclu chaque fois qu'un des mots présente une variante.

c) si le déplacement est plus important, on écrira :

‖ utraque pars *post* haeret *transp.* (ou *transt.*) *V* ‖

d) s'il s'agit du déplacement d'un ou de plusieurs vers :

‖ 83-86 *post* 91 *transt. V* ‖

8. INDICATIONS CONCERNANT LES ÉDITIONS ET LES ÉDITEURS

ed. = *editio, editor*
ed. pr. = *editio princeps*

Les éditions anciennes, même l'édition princeps, sont généralement désignées par des abréviations particulières :

d'après le lieu de l'édition : *Lugd.* (*Lugdunensis*) ; *Bas.* (*Basileensis*) ; *Ven.* (*Veneta*) ; *Rom.* (*Romana*), etc. ;

d'après le nom de l'imprimeur : *Ald.* (*Aldina*, d'Alde Manuce), etc. ;

d'après le nom de l'éditeur : *Hard.* (de Hardouin) ; *Dal.* (de Dalechamp), etc.

Il est parfois nécessaire de préciser la date en cas d'éditions successives, ainsi

Ven. 1585 ; *Ven.* 1607, etc.

Jamais on n'emploiera un sigle simple, toujours réservé aux manuscrits.

Pour les éditeurs de la Renaissance et des deux siècles suivants, ainsi que pour les conjectures des humanistes, on usera du nom latin, s'il est consacré par l'usage : *Heinsius, Lipsius,* etc.

Pour les éditeurs modernes, le nom sera normalement écrit en entier : *Owen, Ellis,* etc. On se gardera de latiniser les noms. On ajoutera l'initiale du prénom quand il pourra y avoir confusion : *J. Gronov.* et *J. F. Gronov., C. Heraeus* et *G. Heraeus.*

Les éditions successives seront distinguées par des chiffres en exposant :

Ellis[1], *Ellis*[2], etc.

Lorsque le nom d'un éditeur revient souvent, il pourra être abrégé, surtout s'il est long :

Plas. = Plasberg   *Fleck.* = Fleckheisen.

Cette abréviation devra figurer dans la liste précédant le texte.

edd. = *editores* (ou *editiones*), c'est-à-dire l'ensemble des éditeurs et donc des éditions. Cette abréviation peut être conjuguée avec l'indication de l'auteur de la conjecture :

‖ marius *edd. a Scal.* ‖ (= *editores a Scaligero*)

uett. = *ueteres editores* (ou *editiones*) ; cette abréviation s'emploie soit seule, soit avec la même indication que plus haut :

‖ robus *uett. ante Gel.* ‖ (= *ueteres ante Gelenium*)

9. INDICATIONS
CONCERNANT LES MODIFICATIONS
APPORTÉES AU TEXTE DES MANUSCRITS

On indiquera chaque fois le nom de l'auteur d'une conjecture, en entier si c'est exceptionnel (*Dalecampius, Scaliger, Madvig*), en abrégé s'il revient fréquemment, ou si on se réfère à un ouvrage déterminé d'un auteur indiqué dans la liste des abréviations précédant le texte : *Dal.* ; *Scal.* ; *Müller, emend.*, etc.

‖ amauit *GF* : -bat *MTB* -bit *Housman* ‖

Toute initiative personnelle est indiquée par *ego* ou par une forme verbale à la première personne du singulier :

‖ martius *ego* : marcus *codd.* ‖

ou

‖ robur *deleui* ‖

Additions.

add. = *addidi, addidit*

‖ honoris *add. ego* (ou *addidi*) ‖
‖ amoris *add. Owen* ‖

en cas d'hésitation :

‖ honoris *fort. addendum* ‖ (= *fortasse*)

Suppressions.

del. = *deleuit*
excl. = *exclusit*
secl. = *seclusit*

Il peut arriver qu'on ait à donner la raison d'une suppression :

‖ oculos *ut glossema secl. Baker* ‖

ou qu'on soit hésitant :

‖ oculos *fort. delendum* ‖

Lacunes.

a) La lacune présumée est indiquée dans le texte par des points de suspension entre crochets obliques :

‖ lacunam *ego ind.* (ou *indicaui*) ‖
‖ lacunam *ind. Owen* ‖

b) la lacune présumée n'a pas été retenue dans le texte et n'y est donc pas signalée :

‖ *post* montem *lacunam susp. Ellis* ‖ (*suspicatus est*)
‖ *post* marcus *lacunam ind. Owen* ‖

Transpositions.

transp. (= *transposuit*)
transt. (= *transtulit*)

a) pour signaler une transposition adoptée :

‖ romam aeneas *post* italiam *habent codd., huc transt. Schmitt* ‖

(éventuellement *transp. ego* ou *transposui*) ;

b) pour signaler une transposition rejetée, mais jugée digne de mention :

‖ romam aeneas *post* mare *transp. Sillig* ‖

c) en cas d'hésitation :

‖ romam aeneas *post* mare *fort. transponendum* ‖

Conjectures.

Les conjectures sont simplement signalées par *ego* ou par le nom de leur auteur lorsqu'on les adopte dans le texte :

‖ tinus *ego* : pinus *codd.* ‖
‖ trudi *Madvig* : tradi *codd.* ‖

Une conjecture non adoptée, mais signalée comme intéressante, sera précédée de la mention *coni.* (= *coniecit*) ou *prop.* (= *proposuit*), selon les cas :

‖ aureus *codd.* : auratus *coni. Rose* ‖

Dans les passages où le texte est difficile à établir, on se trouve souvent en présence d'un grand nombre de conjectures, qu'il faut renoncer à énumérer toutes, un apparat n'étant pas une histoire des éditions. Après avoir cité celles qui paraîtront dignes de l'être, on conclura par :

et alii alia.

On peut avoir intérêt à justifier brièvement une conjecture en évitant un renvoi aux notes :
— pour des motifs métriques :

‖ animantum *Lachm. metri causa* : -tium *codd.* ‖

— par référence à une source ou à un passage parallèle. Le nom de l'auteur allégué sera cité en petites capitales (pour éviter une confusion avec les noms des philologues) et suivi de la référence précise :

‖ tinus *Sillig ex* THEOPHR., *H. P.* 3, 7, 5 : pinus *codd.* ‖

sauf si la mention du passage figure dans les *Testimonia* ou dans les notes, auxquelles il faudra alors renvoyer :

‖ uacuis *ego coll.* THEOPHR., *uide adn.* : uagis *codd.* ‖

Si la longueur d'une explication ne permet pas de la placer dans l'apparat, qui ne doit jamais devenir un commentaire critique, on renverra aux notes qui accompagnent la traduction :

‖ aluis ego, *uide adn.* : aliis *codd.* ‖

Si on hésite à proposer une conjecture personnelle, tout en tenant à la signaler :

‖ amoris *Rose* : laboris *codd.* ; *an* doloris? ‖

Si on hésite à accepter une conjecture :

‖ aureus *codd.* : auratus *coni. Rose, fort. recte* ‖

Pour signaler une conjecture dont l'auteur est lui-même hésitant :

‖ aureus *codd.* : auratus *dubitanter coni. Rose* ‖

Si toute correction s'avère impossible, ce qu'indiquent dans le texte des croix :

‖ aecrophagie saele *locus desperatus necdum sanatus* ‖
(Pétrone, 56, 8.)

10. LA PONCTUATION

Quand un texte se prête à des ponctuations diverses, on les signalera par *dist.* (= *distinxit*), *interp.* (= *interpunxit*) :

‖ romam. caesar *dist. Klotz* ‖

N. B. On aura avantage à séparer par une virgule ou par un espace les sigles des manuscrits des autres abréviations et des noms d'éditeurs et d'érudits :

‖ clara *GTDF* : cressa *Z, uett., Merkel* ‖
‖ uir *ME, Bentley* : uiro *GTD, uett.* ‖

LISTE DES ABRÉVIATIONS
UTILISÉES DANS L'APPARAT

a. c.	ante correc-tionem	interp.	interpunxit
add.	addidit	iter.	iterauit
adn.	adnotationem	lac.	lacuna
alt.	alterum	litt.	litterae
cett.	ceteri	mg.	(in) margine
cod., codd.	codex, codices	om.	omisit
coll.	collato, col-lata	p. c.	post correctio-nem
coni.	coniecit	pr.	prius
corr.	corrector	prop.	proposuit
def.	deficit	ras.	(in) rasura
del.	deleuit	recc.	recentiores
des.	desinit	rell.	reliqui
dett.	deteriores	secl.	seclusit
dist.	distinxit	s. l.	supra lineam
dubit.	dubitanter	suppl.	suppleuit
ed., edd.	editio, editor, editiones, editores	susp.	suspicatus est
		tert.	tertium
		test.	testimonia, testes
ed. pr.	editio prin-ceps	transp.	transposuit
		transt.	transtulit
excl.	exclusit	uett.	ueteres (edito-res, editio-nes)
fort.	fortasse		
inc.	incipit		
ind.	indicauit	uid.	uidetur

VI. **LA TRADUCTION**

1. PRÉSENTATION

Les alinéas de la traduction seront exactement les mêmes que ceux du texte.

Le numérotage des livres, chapitres, paragraphes, vers du texte sera répété de façon identique dans la traduction.

Les additions d'un ou de plusieurs mots seront, comme dans le texte, placées entre crochets obliques et les interpolations entre crochets droits.

Les appels de note seront portés en exposant dans la traduction (jamais dans le texte) et placés immédiatement après le mot auquel la note se rapporte ; si une ponctuation suit le mot, l'appel sera placé entre le mot et la ponctuation.

On pourra prévoir de fausses manchettes en caractère gras (égyptienne italique), mais en petit nombre et seulement pour indiquer les grandes divisions, afin de ne pas donner une allure scolaire à un ouvrage d'un caractère savant.

La référence des citations sera donnée exclusivement dans les notes (voir p. 33).

2. L'ORTHOGRAPHE DES NOMS PROPRES

Certains noms propres ont en français une forme usuelle qu'il faut conserver : Ascagne, Tibère, Ursule, Magnence, etc. Pour les autres, les avis sont partagés et la différence porte avant tout sur e/é. Les uns écrivent Trebonius, Metellus, Carfulenus ; les autres, Fufétius, Calénus, Luccéius, etc. Mais tous écrivent Rémus. Chacun peut préférer l'une ou l'autre graphie. L'essentiel est qu'on la maintienne tout au long de la traduction.

VII. **LES NOTES**

1. Les annotations nécessaires à la compréhension du texte et les références des citations seront disposées au bas des pages de la traduction. Les notes qui n'y auront pas trouvé place seront regroupées en fin de volume sous le titre de *Notes complémentaires*. La distribution sera faite à l'impression.

Toute note est précédée d'un chiffre suivi d'un point. Elle ne doit comporter qu'un seul paragraphe. L'emploi du tiret permettra, le cas échéant, de distinguer clairement, sans alinéa, les diverses parties d'une note.

Pour faciliter la consultation du volume, les notes renvoyées aux *Notes complémentaires* présenteront un système d'appel particulier (l'usage de l'astérisque, par exemple) ou offriront en bas de page un renvoi explicite et précis aux *Notes complémentaires*.

Une note développée constituant un excursus sera reportée à la fin du volume avant ou après les *Notes complémentaires* sous le titre d'*Appendice*.

2. Pour l'édition d'un texte technique (Pline l'Ancien, Vitruve, Celse, etc.), les notes peuvent être insuffisantes et un commentaire s'avérer nécessaire. Le commentaire continu, s'il est plus proprement littéraire, a l'inconvénient de ne pas permettre au lecteur de découvrir au premier coup d'œil ce qu'il recherche. Il est donc préférable de fragmenter le commentaire par chapitres ou paragraphes (avec un numérotage très apparent) qui groupent les notes concernant chacun d'eux.

Pour éviter longueurs et redites, tout commentaire sera précédé d'une liste des principaux ouvrages cités, avec mention des abréviations utilisées. Dans cette liste, les noms d'auteurs seront composés en petite capitale, les titres d'ouvrages en italique.

VIII. **INDEX**

De nombreux volumes de la Collection des Universités de France parus parmi les premiers sont dépourvus d'index. On s'aperçoit aujourd'hui combien cette absence est une gêne pour la consultation.

Selon l'œuvre éditée, on préparera un *index nominum* (ainsi pour les poètes, les historiens et géographes) ou un *index nominum et rerum* (notamment pour les auteurs techniques). Toute concordance, tout lexique sont exclus par les usages de la collection.

Dans les ouvrages de caractère historique ou géographique, on identifiera les noms cités (personnes, villes, fleuves, etc.) :

> Q. Marcius Tremulus, cos. a. 448.
> Luna, urbs Etruriae.
> Lycus, flumen Ciliciae.

Lorsque chaque livre de l'œuvre sera édité indépendamment, il pourra être pourvu d'un index (Pline l'Ancien, Vitruve).

Le caractère choisi pour l'index sera uniquement le romain, à l'exclusion de l'italique.

IX. CARTES ET FIGURES

Les œuvres historiques ou géographiques sont normalement pourvues de cartes. L'éditeur fournira un modèle suffisamment détaillé qui sera reproduit par un dessinateur. Pour éviter des erreurs, tous les noms propres seront transcrits, classés dans l'ordre alphabétique, sur une liste dactylographiée jointe au projet de carte.

Certains traités techniques exigent une illustration. L'éditeur fournira des schémas de figures accompagnés de toutes les indications utiles pour le dessinateur. Lorsque l'illustration accompagne déjà le texte dans les manuscrits et constitue ainsi un élément de la tradition, il veillera à la reproduire aussi exactement que possible.

X. TABLE DES MATIÈRES

Tout volume sera pourvu d'une table des matières renvoyant aux différentes parties avec l'indication des pages.

Dans le cas d'une introduction développée, il pourra être utile d'en signaler les principales subdivisions.

Pour une œuvre en plusieurs livres ou plusieurs chants, on précisera la page initiale de chacune de ces parties.

XI. PRÉPARATION DU MANUSCRIT

DIRECTIVES EN VUE DE LA PRÉSENTATION

1. La copie sera remise dactylographiée à double interligne, au recto seulement, ce qui a pour effet d'éviter de nombreuses fautes au moment de la composition et d'épargner à l'auteur un surcroît de travail lors de la correction des épreuves. Des dérogations pourront être accordées au vu de la qualité du manuscrit.

Les pages de la traduction correspondront dans la mesure du possible aux pages du texte latin (contenu et numérotation), ce qui facilitera la mise en pages des placards.

Lorsque le texte latin sera emprunté par commodité à une édition antérieure dûment corrigée, les pages imprimées seront collées sur des feuilles de format commercial dans les marges desquelles seront portées toutes les modifications apportées au texte.

La copie devra être remise en une seule fois (notes ou commentaire et index compris). L'auteur en gardera un double par devers lui, en cas de perte.

2. Le choix des caractères typographiques dépend de la maison d'édition. Il en est de même de la disposition des pages liminaires et de la couverture de chaque ouvrage.

Il n'est pas d'usage, dans les éditions proprement dites, de faire des dédicaces imprimées ou d'user d'épigraphes.

3. L'apparat critique, et la liste des *Testimonia* s'il y a lieu, seront présentés sur des feuilles distinctes de celles du texte et de même format.

Les notes de l'Introduction (ou de la Notice) seront présentées en bloc à la suite et non au bas des pages.

Toutes les notes de la traduction, quelle que soit leur

destination finale (au bas des pages de la traduction ou
en notes complémentaires), seront présentées ensemble,
numérotées à la suite sur des feuillets distincts de ceux
de la traduction.

4. Dans l'apparat des textes en prose, on ira à la ligne
au début de chaque chapitre ou paragraphe.

5. Les titres courants indiquant les livres, vers, chapitres, paragraphes, actes et scènes contenus dans chaque
page — ainsi que la date pour les ouvrages historiques —
seront établis et disposés sur les épreuves après entente
avec le directeur des éditions.

6. La table des matières renverra aux différentes parties du volume. Dans le cas d'une introduction développée,
il pourra être utile d'en indiquer les principales subdivisions.

TYPOGRAPHIE

Les mots ou lettres à mettre en italique seront soulignés
d'un trait :

> manuscrit : Les Bucoliques de Virgile

> imprimé : Les *Bucoliques* de Virgile.

Les mots ou lettres en caractères gras seront soulignés
d'un trait ondulé :

> manuscrit : Définition de la justice

> imprimé : **Définition de la justice.**

Les mots à mettre en petite capitale seront soulignés
de deux traits :

> manuscrit : Nonius

> imprimé : Nonivs.

Dans l'introduction, les notices et les notes, l'italique
sera employé pour les mots latins, les titres d'ouvrages
anciens ou modernes, les titres de revues, ainsi que les
éléments de phrase sur lesquels on veut attirer l'attention.

On ne combinera pas l'italique avec les guillemets, ceux-ci étant réservés aux citations faites dans le corps ordinaire.

Les caractères gras seront employés exceptionnellement. On en usera seulement :

a) pour les fausses manchettes éventuelles de l'introduction et de la traduction ;

b) dans le texte et dans la traduction pour l'indication des chapitres et des paragraphes ;

c) dans l'apparat pour les renvois numériques au texte.

La petite capitale, dans l'introduction et les notes, ne sera employée que pour l'indication des chapitres (ch. ii) et pour celle des siècles (vie s.). En particulier, les noms d'auteurs ne seront jamais en petite capitale, qu'ils soient anciens ou modernes. Cependant on en usera pour les témoignages et dans la liste des testimonia et dans l'apparat :

‖ cortynia *MR* Serv., Philarg. : gor- *P* ‖

RECOMMANDATIONS PARTICULIÈRES
A L'INTRODUCTION ET AUX NOTES
(OU AU COMMENTAIRE)

1. Les chiffres.

Les renvois aux passages d'auteurs anciens du type I, ii, 4 ; III, 20 ; X, iv, 7, sont très fatigants et difficiles à consulter du fait de la juxtaposition de chiffres romains et arabes et de la différence de corps. On aura avantage à éviter autant que possible les chiffres romains :

Luc. 2, 60	et non II, 60
Tib. 2, 5, 10	et non II, v, 10 (ou même II, 5, 10)
Prop. 2, 34, 20	et non II, xxxiv, 20 (ou même II, 34, 20)
Pline, 37, 130	et non XXXVII, 130

De même, dans une série de renvois à un auteur unique,

on aura intérêt à libeller chaque référence sous sa forme intégrale :

Prop. 2, 9, 10 ; 2, 12, 20 ; 3, 5, 16 ; 3, 7, 45

au lieu de

Prop. 2, 9, 10 ; 12, 20 ; 3, 5, 16 ; 7, 45,

la clarté devant toujours passer avant l'économie, minime du reste ici.

Pour les REVUES, on donnera la tomaison en chiffres arabes ou romains, sans la faire précéder de l'indication t. :

R. É. L. XLVII, 1970, p. 300

ou

R. É. L. 47, 1970, p. 300.

On conservera toutefois les chiffres romains, selon l'usage, pour le *Corpus Inscriptionum Latinarum* et pour la *Realencyclopädie* de Pauly-Wissowa :

C. I. L. XIII, 2, 2887
P. W. (ou *R. E.*) VII A, 2, c. 228.

On adoptera les uns ou les autres pour indiquer la tomaison du *Corpus Glossariorum Latinorum* (*C. G. L.*) et des *Grammatici latini* de Keil (*G. L. K.*).

2. Auteurs et œuvres.

On recourra pour les auteurs anciens aux abréviations usuelles, dont on trouvera une liste complète dans l'Index du *Thesaurus Linguae latinae*, et qui peuvent au premier abord être déroutantes :

Gell. = Aulu-Gelle
Hier. = saint Jérôme

De même pour les œuvres : *Aen. Buc. Most.*

Il est inutile de donner le nom de l'œuvre quand elle est unique :

Lucr. 1, 1100   et non   Lucr., *Rerum nat.* 1, 1100
Luc. 3, 630   et non   Luc., *Phars.* 3, 630.

On ne renverra pas à un fragment sans indiquer par le nom, complet ou abrégé, de l'éditeur à quelle édition on se réfère :

Ennius, *Ann.*, frg. 259 V³ (= Vahlen, 3ᵉ édition).

On veillera à séparer tous les chiffres par des virgules :

Col. 3, 10, 2
Marcian., *Dig.* 39, 4, 16, 3.

On veillera à la ponctuation, qui diffère selon que la référence comprend ou non l'indication de l'œuvre :

Lucr. 3, 90   mais   Virg., *Aen.* 3, 90
Liu. 7, 5, 10   mais   Tac., *Hist.* 3, 15, 2

Toute abréviation (de nom d'auteur ou d'œuvre) n'est séparée du chiffre qui la suit que par un point.

On s'assurera que, dans l'introduction, la notice et les notes, les noms d'auteurs et les titres d'œuvre sont accentués comme en français :

Pétr. (Pétrone) et non Petr.
Hér. (*Héroïdes*) et non *Her.*

Sauf si l'œuvre est désignée usuellement sous son titre latin :

Ov., *Rem. am.* (*Remedia amoris*)

Mais tout accent sera exclu dans les *testimonia* et dans l'apparat critique :

Ter., *Hec.* (Térence, *Hécyre*).

Pour les ouvrages des modernes, on n'usera des formules *op. cit.* ou *loc. cit.* que si le lecteur peut trouver dans les pages qui précèdent immédiatement l'indication de l'ouvrage ou du passage auquel on se réfère.

Pour les articles, on en donnera non seulement le titre, mais aussi celui de la revue ou du recueil de façon claire, en indiquant la tomaison, l'année et la page ou les pages en cause.

On évitera pour les ouvrages et les articles la formule « p. 130 sqq. » ou « p. 130 et suiv. », qui ne permet pas de juger de l'ampleur de l'article ou du développement auxquels on renvoie.

Il existe pour les revues des abréviations usuelles dont on trouvera la liste dans l'Index des périodiques dépouillés de l'*Année philologique*. Toutefois, même pour les revues les plus courantes (ou qui paraissent telles à l'auteur), on aura avantage à donner des abréviations suffisamment explicites, d'autant plus que la Collection des Universités de France touche un public qui n'est pas composé seulement d'érudits. Il n'apparaîtra pas immédiatement à tous les lecteurs que *B. I. B. R.* est le *Bulletin de l'Institut historique belge de Rome*, ni même que *B. A. G. B.* est le *Bulletin de l'Association Guillaume Budé*.

Le titre de l'article sera

— soit en italique et séparé par in (en romain) du texte abrégé de la revue ou du recueil où il a paru, eux aussi en italique :

J. Jouanna, *La maladie sacrée*, in *Rev. Phil.* 43, 1969, p. 258-267.

R. Bloch, *Traditions celtiques à Rome*, in *Mélanges J. Carcopino*, Paris, Hachette, 1966, p. 125-137.

— soit en romain et placé entre guillemets :

T. A. Robinson, « Ovid and the Timaeus », *Athenaeum*, 46, 1968, p. 256-260.

L'indication de la page sera toujours précédée de la lettre p simple suivie d'un point :

p. 43.   ou   p. 265-266.

XII. RÉVISION DU MANUSCRIT

Le manuscrit remis par l'auteur en son entier est soumis à un réviseur désigné par la commission technique. Aucun manuscrit ne sera remis à l'impression avant l'examen par le réviseur, suivi, le cas échéant, de la discussion de ses observations entre l'auteur et lui-même. En aucun cas la révision n'aura lieu sur épreuves.

L'attention du réviseur portera sur toutes les parties de l'édition. Il devra notamment s'assurer que l'apparat critique est établi conformément aux présentes règles.

Le réviseur s'entendra avec l'auteur pour contrôler la correction des épreuves.

XIII. CORRECTION DES ÉPREUVES

Les placards et les premières épreuves mises en pages sont soumises en trois jeux à l'auteur qui doit en assurer la correction en accord avec le réviseur.

Les épreuves doivent être retournées après correction au siège social des Belles Lettres. Sauf accord préalable, l'ensemble des épreuves corrigées doit être retourné quinze jours après l'envoi du dernier lot de la composition.

Dans le cas où une seconde mise en pages des épreuves serait nécessaire, la Société des Belles Lettres, en accord avec le directeur des éditions, peut se réserver le droit d'assurer par ses soins le contrôle de l'exécution des corrections.

Les corrections devront être portées dans les marges, *à l'encre exclusivement*, et de façon lisible.

On veillera tout particulièrement à la place des unités critiques de l'apparat, qui devront se trouver *dans la même page* que le texte correspondant.

On veillera également que la dernière unité critique en fin de page s'achève non par une double barre, mais par un point.

Le manuscrit remis après la révision doit être considéré comme définitif. Aucune correction de fond, dans aucune partie du texte à imprimer, ne devra être faite sur les épreuves, hormis les cas de nécessité absolue qui devront être signalés préalablement au directeur des éditions.

Seules peuvent être prévues :

a) l'adjonction ou l'adaptation de quelques notes pour réaliser l'équilibre des pages de la traduction ;

b) l'indication des titres de travaux parus entre la remise du manuscrit et la correction des épreuves, lorsqu'elle est indispensable.

Dans tous les autres cas, les modifications apportées par l'auteur sont susceptibles, après avertissement de la Société Les Belles Lettres, de lui être financièrement imputées.

L'auteur n'aura jamais à intervenir directement auprès de l'imprimeur. Il ne lui appartient de donner ni le bon à corriger ni le bon à tirer.

Le manuscrit sera renvoyé avec les placards ; les placards corrigés le seront avec les épreuves mises en pages.

*
* *

On trouvera, à la fin de ce volume, sur le dépliant hors-texte, la liste des signes à employer pour les corrections typographiques et un spécimen de correction.

INDEX

Ligne à centrer	[ ]	[\text{LIBER PRIMVS}]

Ligne à centrer

Lettre à changer

Mot à changer   Belgae

Lettre à supprimer

Mot à supprimer

Lettre à ajouter

Mot à ajouter

Lettre à retourner

Mot à retourner

Lettre à transposer

Mots à transposer

Ligne à sortir

Lignes à transposer

Espace à ajouter

Lettres à redresser

Ligne à rentrer

Mettre une capitale

Lettre d'un œil étranger

Mettre en romain   romain

Mettre en italique   ital.

Diminuer le blanc

Augmenter le blanc

Supprimer l'espace

Mot biffé à conserver   bon

Supprimer l'alinéa

Faire un alinéa

[LIBER PRIMVS]

Gallia est omnis diuisa in partes
tres, quarum unam incolunt Celtae,
aliam Aquitani, tertiam qui ipsorum
lingua Celtae Hieti, nostra Galli ap-
pellantur. Hi omnes lingua, institis,
legibus inter differunt. Gallos ab
Aquitania Garunna flumen, a Belgis
Matrona et Sequana diuidit. Horum
omnium fortissimi sunt Belgae, propterea quod atque cultu humanitate pro-
uinciae longissime absunt minime-
atque ea quae ad effeminandos animos
que ad eos mercatores saepe commeant
pertinent important, proximique sunt
Germanis, qui trans Rhenum incolunt
quibuscum continenter bellum gerunt.
Qua de causa heluetii quoque reliquos
Gallos uirtute praecedunt, quod fere
cotidianis proeliis cum Germanis con-
tendunt, cum aut suis finibus eos
prohibent, aut ipsi in eorum finibus
bellum ferunt. Eorum una pars, quam
Gallos optinere dictum est, initium
capit a flumine Rhodano, continetur
Garunna flumine,
Oceano, finibus Belgarum, uergit ad
septentriones. [Belgae ab extremis

Ce volume,
de la Collection des Universités de France,
publié aux Éditions Les Belles Lettres,
a été achevé d'imprimer
en janvier 2003
sur presse rotative numérique
de Jouve
11, bd de Sébastopol, 75001 Paris

N° d'édition : 4662
Dépôt légal : janvier 2003

Imprimé en France